AF311934

DISSERTATION

SUR UN

MONUMENT SOUTERRAIN

EXISTANT A GRENOBLE.

Par M. Champollion, de Grenoble.

A GRENOBLE,

Chez J. H. PEYRONARD, Imprimeur.

Brumaire An XII.

DISSERTATION

SUR UN MONUMENT SOUTERRAIN,

EXISTANT A GRENOBLE.

LE Monument souterrain qui fait le sujet de cette dissertation, existe au faubourg Saint-Laurent de cette ville, et est situé au-dessous de l'église du même nom. On y parvient par le jardin attenant à cette église, au moyen d'une crevasse pratiquée dans le mur du côté du midi. Le dessin qui accompagne ce mémoire, en fera assez connaître la forme intérieure. Quatre murs disposés en forme de parallélogramme ou de quarré long, dirigés de l'est à l'ouest, en constituent le corps. A ces deux points opposés, on a pratiqué un enfoncement circulaire qui est répété aux deux côtés du nord et du sud, mais rapproché de la face orientale. A une égale distance de la face occidentale, se voient deux ouvertures cintrées, ménagées dans les murs de ces mêmes côtés (nord et sud). Celle-ci sert à présent d'entrée, et l'autre conduit à un escalier qui se prolonge, à l'ouest, sous une voûte de près de 40 pieds. Dix-huit colonnes d'ordre corinthien, à base attique, distribuées à l'intérieur sur les quatre faces du Monument, en soutiennent la voûte, qui s'élève de 20 pieds. Deux fenêtres, prises à l'est et au nord, donnaient le jour nécessaire : cette dernière n'existe plus. La longueur de ce corps est de 25 pieds, la largeur de 15, et chaque enfoncement ayant 5 pieds de profondeur, on a pour la plus grande longueur 35 pieds, et 25 pour la plus grande largeur.

A

Déterminer la destination de ce Monument par l'usage apparent de chacune de ses parties, fixer l'époque de sa construction, tels sont les deux points principaux sous lesquels nous l'envisagerons. Nous terminerons ces recherches par discuter l'opinion des auteurs qui en ont parlé. Dans le cours de ce mémoire, nous aurons à combattre une tradition reçue généralement : il n'a fallu rien moins que la force des raisons que nous avons cru avoir par-devers nous, pour nous y résoudre; et si, en dernier résultat, il arrive que nous ayons trop présumé d'elles, que le motif qui nous guide, en nous donnant le droit d'avouer nos erreurs, nous fasse aussi trouver grace.

Le Monument dont il s'agit était destiné, comme *Église*, à l'exercice de la religion chrétienne. Cette opinion pourra être mise hors de doute par la simple description de chacune des parties du Monument. Le tout est d'une époque assez reculée, d'une forme assez particulière, pour mériter des détails qui, en nous rappelant les usages d'un tems déjà bien loin de nous, doivent exciter notre attention. La différence sensible résultant de la comparaison des églises d'alors avec celles d'aujourd'hui, prouve que tous les usages, même les plus stables en apparence, suivent pas à pas les variations qu'opèrent, dans l'esprit des peuples, celles dans les mœurs, les progrès des lumières, le règne de l'ignorance, la force des préjugés, ou toute autre cause qui, par l'intervalle de quelques siècles, rend les peuples opposés à eux-mêmes. On verra aussi que si les principes de la religion chrétienne ont passé intacts à travers tant de siècles et tant d'événemens, ce qui en est l'accessoire a roulé dans un cercle de variations subordonnées à ces événemens mêmes.

On a déjà dit que la direction de ce Monument était de l'est à l'ouest, et telle fut, dans les tems de la primitive église , celle qu'on donnait aux *Maisons de Dieu* ; on avait aussi grand soin qu'elles fussent de forme oblongue. S'il fallait en donner une raison, on la trouverait dans le desir que les chrétiens devaient avoir que les lieux destinés à leur culte eussent ces deux rapports avec le temple superbe qu'avait dédié à l'Éternel un Roi renommé par sa sagesse, je veux parler du temple de Jérusalem. Un passage de Jul. Corn. Bulenger vient à l'appui de cette opinion : *Primitivæ ecclesiæ patres* , dit-il (liv. 3) , *in extruendâ basilicâ ante omnia id servarunt ut ea navis instar oblonga esset , atque ad solis ortum obversa , sicut templum Hierosolymæ.* Cette dernière condition , *ad solis ortum obversa* , est réunie à la première dans l'église dont il s'agit. On peut dire qu'elle incline vers le levant d'hiver ; mais ceci, loin d'être une objection , fournit au contraire une preuve nouvelle, puisque les chrétiens de ce tems exigeaient presque toujours cette inclinaison, croyant que le Christ était né vers le solstice d'hiver. Les preuves qui peuvent faire regarder ce Monument comme une église , se déduisent de la description du local. Son entrée n'était point celle qu'on voit pratiquée de nos jours ; elle était par l'escalier renfermé dans la voûte (A) qui se prolonge, à l'ouest, le long du mur du nord de l'église. Il reste encore de cette voûte 40 pieds. Après en avoir parcouru 24, on remarque, à gauche, l'entrée d'une espèce de chambre (B) également voûtée. Cette partie du Monument en sera une essentielle des preuves ; sous ce rapport , on ne doit pas la perdre de vue. A la droite du dernier escalier, se présente une des deux ouvertures cintrées (C). C'est cette ouverture qu'on peut établir la principale , et même la seule entrée de l'église ; l'inspection des ruines ne permet pas d'en douter. On voit, à la partie extérieure, une des deux colonnes qui la décoraient ; et derrière les colonnes sont les restes des jambages de la porte, dont la coupe fait voir qu'elle s'ouvrait en-dedans. On peut dire, de cette église, ce qu'un auteur du seizième siècle (Hospinianus) disait de celle si célèbre de St.-Marc à Venise : *Id si primùm ingrediaris, crucis figuram preferre videtur.* La forme de notre église figure, en effet, une croix. On n'y voit ni images, ni peintures. Dix-huit colonnes, rangées ainsi qu'elles sont désignées sur le plan par des points ronds, forment des espèces de portiques, interrompus par les enfoncemens circulaires. C'est ici qu'on doit remarquer avec quel soin les chrétiens ont évité les conformités de leurs usages avec ceux des païens. Ils voulurent différer d'eux non-seulement dans les rites, mais encore dans les noms. Ainsi, ils appellèrent les lieux où ils se réunissaient, non des *Temples*, comme ceux-ci, mais successivement *Maison de Dieu*, *Basilique* et enfin *Église*, dénomination qui a été généralement reçue dès le 5.ᵉ siècle de l'ère vulgaire. Il serait peut-être difficile de décider qui, des chrétiens ou des païens, ont les premiers donné aux temples la direction de l'est à l'ouest. Elle est commune aux uns et aux autres, au tabernacle de Moïse, comme au temple de Cérès et de Proserpine à Eleusis (1). Mais un contraste bien remarquable entre les païens et les chrétiens, c'est que les premiers plaçaient toujours les colonnes à l'extérieur des temples pour leur ornement, et que les chrétiens les ont toujours employées à l'intérieur des églises pour leur solidité. On remarque cette conformité dans celle-ci,

---

(1) Le premier temple construit par les Égyptiens, qui, au rapport d'Hérodote et de Strabon, en élevèrent avant tous les autres peuples, était de forme ronde : ce fut le fameux Labyrinthe consacré au soleil.

et les colonnes forment, en quarré long, ce que nous appelons *la Nef*. C'est là que se plaçaient les fidèles : deux *Diacres*, vêtus de leur *Colobium* (espèce d'habit sans manches), avaient grand soin de faire ranger les hommes à la gauche et les femmes à la droite. De nos jours, peut-être ne verrait-on pas avec indifférence une pareille disposition ; mais, on a raison de le dire, tout vieillit ; et telle est la marche insensible des préjugés, qu'un usage qui fut dans un tems scrupuleusement observé, se trouve dans un autre en opposition directe avec les idées reçues. Au rapport de Baronius, l'église d'alors regardait la partie gauche comme plus noble que la droite. Les fidèles se plaçaient de manière qu'en priant ils regardaient vers l'orient. Le pape Vigilius l'ordonna expressément dans le milieu du sixième siècle : *Versus orientem convertant se christiani in templis*, dit-il. Ici, on peut supposer un usage emprunté des païens ; mais, outre la remarque que plusieurs temples païens, notamment celui d'Eleusis l'ornement de la Grèce, avaient leur sanctuaire à l'occident, on peut répondre dans le cas présent, en admettant cette conformité, que les premiers chrétiens ayant regardé le Christ comme leur seul et vrai orient, pour me servir de leur expression, il n'est pas étonnant qu'ils aient passé sur cette conformité en raison du motif. Cet usage d'ailleurs ne remonte pas jusques aux premiers siècles, puisque ce n'est que dans le sixième qu'un pape l'a ordonné ; ce qui suppose qu'avant ce tems il n'était pas une règle. Quoiqu'il en soit, telle est la disposition intérieure de cette ancienne église, que ceux qui y priaient étaient tournés vers l'orient. Il ne doit pas y avoir le moindre doute sur ce point, et voici, de toutes les preuves qu'on peut apporter, la plus convaincante sans doute : Au milieu de l'enfoncement circulaire oriental (D), se trouvent les débris d'une maçonnerie, de forme quarrée, assise sur des gradins qui prennent naissance dans l'intérieur de la nef ; ces débris ne peuvent être que ceux de l'autel (1). En effet, au milieu de la *Chapelle principale* (et on doit appeler du nom de chapelle les quatre enfoncemens circulaires ci-dessus notés) ; au milieu de la chapelle principale , désignée sous le nom de *Presbyterium* , on plaçait *la Sainte Table* , c'est-à-dire le grand-autel, toujours élevé sur des gradins, et quelquefois entouré de grillages. Il résultait d'une telle disposition deux avantages réels ; l'un, que l'*Episcopus* ou curé de l'église (2) y ayant toujours son siége, s'y trouvait placé éminemment et comme sur une espèce de trône , d'où le siége avait été appelé *Thronus episcopi* ; et le second, c'est que, comme de là se faisaient toujours les prêches et les explications de l'Écriture, les fidèles pouvaient plus surement profiter des discours du prédicateur, par la facilité que sa position donnait à celui-ci de se faire entendre. Quelquefois les explications se faisaient au milieu de l'église par un lecteur. Un article d'une ordonnance du pape Clément porte, « qu'un lecteur placé au milieu de la nef , sur » une éminence, explique les écrits de Moïse et des » autres saints » (3). Toujours est-ce d'un lieu élevé ;

---

(1) Il en était de même dans l'église de Sainte-Sophie à Constantinople, fondée dans le sixième siècle, et regardée comme la plus ancienne église chrétienne existante. Dans le demi-dôme qui termine l'édifice à l'est, était autrefois le sanctuaire, qui contenait , dit-on, pour un million sterling d'ornemens et de joyaux. La principale entrée était aussi à l'ouest. (J. Dallarway, *Constant. anc. et mod.*)

(2) Proprement *le surveillant* , ainsi que l'indique le mot *episcopus* , ΕΠΙΣΚΟΠΟΣ dérivé d'ΕΠΙΣΚΕΠΤΟΜΑΙ *inspecto.* (Voss. , etym. ling. lat.)

(3) *In medio aulæ lector in loco sublimi legat quæ scripsit Moses et alii sancti Dei.* (Constitut., lib. 2 , c. 57).

mais , outre que cet usage de placer le lecteur au milieu de la nef , s'il n'est résulté que de cette ordonnance , est bien postérieur au tems auquel semble appartenir la fondation de cette église , on peut encore tirer une forte induction du nom même que portait le lieu entouré de grillages , où était le siége du curé, et d'où se faisaient les prédications. L'auteur déjà cité, Bulenger, rapporte que ce lieu était appelé en grec BHMA. *Id est*, continue-t-il, *pars templi sic dicta quòd non nisi per gradus et scalaria eò ascendebatur; et plus haut : Altaria ornabantur gradibus.* BHMA dérivé de BAINΩ , *je monte*, signifie encore proprement *locus concionatoris*. Il n'y a donc pas de doute que l'autel de cette église ne fût de la forme de ceux qui , ornés de gradins , offraient en même-tems la place de l'*Episcopus* et celle du prédicateur. Aussi Sidonius a-t-il dit avec raison :

> *Quid cùm te celsis gradibus venerabilis arœ*
> *Concionaturum plebs seducta circumspectat ?*

Le *Presbyterium* ou la chapelle principale était séparée de la nef par un balustre : le déblayement du sol de cette église , si les bienfaits de l'autorité s'étendent jusque-là, pourra en laisser voir quelques traces ; et quand les effets du tems auraient détruit cette espérance , on ne peut pas raisonnablement supposer qu'un point aussi essentiel eût été négligé , puisque c'est à ce balustre, et vis-à-vis l'autel , que les fidèles étaient admis à la communion. On a remarqué jusqu'ici des rapports trop précis avec ce que la nécessité ou l'usage exigeaient dans ces tems reculés, pour pouvoir craindre de trouver cette exactitude en défaut ; par-tout elle est la même. Ainsi on voit , outre la chapelle principale située à l'orient, une autre chapelle à chacune des autres trois faces de la nef (E. F. G.) ; c'était des espèces d'oratoires, servant quelquefois de tombeau aux mar-

tyrs, mais destinés principalement aux prières particulières, et connus proprement sous le nom de *Sacellum*.
Il n'y a rien de particulier à remarquer sur ceux-ci ,
si ce n'est que tout autour règne sur leur sol un gradin
également circulaire , qui justifie assez l'usage de ces
oratoires.

En passant à l'ouverture cintrée (H) opposée à
celle qui servait autrefois d'entrée , on est introduit
dans une espèce de chambre en quarré long (I) ,
dont le sol est un peu plus élevé que celui de la nef.
A l'angle gauche, dans le fond, a été pratiquée la crevasse par laquelle on est introduit aujourd'hui dans
l'église. La mal-adresse avec laquelle on a opéré cette
ouverture se remarque facilement. On peut supposer
qu'elle a été nécessitée par la destruction de celle de
la voûte (A), résultant de quelque ravin auquel elle
était exposée, et que de ce tems date le remplissage
de l'arc H , où on a ménagé la porte d'entrée actuelle,
qu'il est bien aisé de reconnaître pour très-moderne.
Envisageant donc les choses telles que je les suppose ,
supprimant sur-tout toute communication à l'extérieur
par la crevasse de l'angle, on ne doit pas hésiter à
reconnaître, dans l'espace quarré I, le lieu destiné à
serrer les ornemens et les vases sacrés , lieu connu
dans ces tems, comme de nos jours , sous le nom de
Sacristie. Son espace borné, sa forme, sa communication avec l'église seule , et quelques autres particularités,
ne permettent pas d'en douter. On remarque qu'une
niche cintrée a été pratiquée avec soin dans le mur
du midi. Quelle autre destination donner à cette niche, sinon celle de contenir les vases sacrés et les
différens ornemens qui consistaient en lampes, calices
et autres vases d'argent ou d'or , selon la richesse de
l'église ? Une sacristie était indispensable alors comme
aujourd'hui : aussi faisait-elle partie essentielle du bâti-
ment;

ment ; et sans prétendre qu'elles ont existé aussitôt que les églises, pour justifier cette circonstance relativement à l'église souterraine de Grenoble, il suffira de dire que Nicéphore de Constantinople, qui fleurissait au commencement du 9.ᵉ siècle, défendit expressément, par un canon, de consacrer les calices dans la sacristie ; d'où l'on peut induire qu'elles existaient antérieurement au 9.ᵉ siècle, puisqu'elles avaient donné lieu à un abus que ce canon tendait à réformer dès ce tems-là.

La description de l'espèce de chambre (B) située à la gauche de l'escalier de la voûte, trouve ici naturellement sa place. Elle a 14 pieds de longueur sur 8 de largeur ; sa voûte est élevée de deux toises. On a vu que cette partie du Monument devait beaucoup servir aux preuves ; il sera plus facile de s'en convaincre, qu'il ne l'a été d'abord de déterminer la destination du local. Le résultat des recherches ne permet pas de douter que ce ne fût le lieu appelé *Narthex*, en grec ΑΚΡΟΑΣΙΣ : c'est là qu'on réunissait les *Pénitens* ; et on comprenait, sous cette dénomination, les chrétiens qui, pour quelque faute grave, étaient condamnés à être hors de l'église pendant trois ans, et à rester *in ferulâ*, pour ainsi dire en pénitence, et dans le *Narthex*, d'où ils pouvaient entendre l'explication des livres saints. Il serait difficile de trouver une position qui remplît plus précisément les conditions exigées pour un *Narthex*. Son espace est très-borné : aussi, pour que ce ne soit pas là une forte objection, faut-il se reporter au tems où on en faisait usage. Sa situation est voisine de l'entrée de l'église : il le fallait bien pour que les *Pénitens* pussent de là entendre les offices et les prédications ; et c'est ce qui avait fait donner à ce lieu le nom d'ΑΚΡΟΑΣΙΣ, d'ΑΚΡΟΑΟΜΑΙ, *entendre*, parce que sa situation le permettait à ceux

qui y étaient relégués : cette condition était même de
rigueur , pour que ce nom pût lui être donné , parce
que ΑΚΡΟΑΣΙΣ signifie en même tems et l'action d'entendre et le lieu d'où on entend. Le texte de Bulenger va donner à cette opinion le dernier degré de certitude : *Narthex* (ΑΚΡΟΑΣΙΣ *cùm esset in vestibulo*)
erat locus ad vestibulum undè scripturarum lectio posset
audiri ; ibi erant pœnitentes , id est illi quos jubebat
canon audientes esse per tres annos , seu extrà ecclesium
stare in ferulâ. Ces pénitences étaient rigoureusement
exécutées, et les diacres avaient la commission expresse
de veiller à ce qu'aucun condamné ne parvînt à s'y
soustraire. Le terme de la pénitence était toujours un
jeudi saint ; et ce jour où on bénissait les saintes huiles ,
où on consacrait le chrême , où on faisait le lavement
des pieds, celui des autels, des vases sacrés, du pavé ,
des colonnes et des murailles de l'église , était aussi
celui où on réconciliait les pénitens ; et cette récon-
ciliation se faisait en face de l'autel , près du balustre.

Pour compléter cette description , il faudrait trouver
au vestibule de l'église quelques indices d'un jet d'eau
ou d'une fontaine qui servait pour faire laver les
mains à ceux qui entraient ; et tel était alors l'usage
avant que de prier. On se contentait quelquefois d'une
citerne ou d'un puits. Il n'y aurait vraisemblablement
rien à désirer sur ce point , dans l'église souterraine ,
si une sotte avarice n'en eût totalement dégradé le
vestibule ; mais on peut encore tirer quelque parti
des dégradations elles-mêmes. Un de ces hommes cré-
dules dont la tête est remplie , dès l'enfance , de contes
de sorciers ou de revenans , et qui voient , dans tout
ce qui sort de leurs habitudes les plus ordinaires , des
effets résultans de causes extra-naturelles , s'imagina
que ce lieu souterrain , où tout le remplissait de terreur
et d'effroi , devait avoir servi aux *Synagogues des sorciers ,*

et que surement un trésor était enfoui quelque part. Gardant son idée pour lui seul, il tenta, mais en vain, de le découvrir en plusieurs endroits, sur lesquels de grosses pierres avaient attiré son attention. Désespérant de réussir sans l'entremise de quelque initié, il se décide à en consulter un dont la réputation était intacte ; il l'introduit dans le souterrain. Le sorcier, après quelques cérémonies, ouvre son grimoire, fait tourner sa baguette, désigne le vestibule comme recélant le trésor, garantit la réussite sur sa parole, et se retire, prétextant quelques affaires d'état très-pressantes. L'avare bêche courageusement, et creuse un trou de 20 pieds quarrés, jusqu'à la profondeur d'une demitoise : l'eau jaillit alors abondamment ; en vain il s'opiniâtre, elle le force à quitter la place. Que fait-il ? Il court chez le sorcier qui, après l'avoir écouté, lui répond du ton le plus lamentable : « Et c'est alors » qu'il fallait redoubler de force et de courage ; c'était » là le moment de l'épreuve ; votre bêche a touché » le trésor ; l'esprit a transporté le tonneau à l'autre ex- » trémité de la voûte ». C'est ainsi que l'ignorance fait des dupes ; et à calculer le grand nombre des membres de la classe peu fortunée du peuple exposés au même inconvénient, combien ne devrait-on pas désirer que l'instruction, au moins ce degré indispensable à tout être pensant, vînt se placer entre les charlatans et leurs victimes ? Pour rentrer dans le sujet qui nous occupe, n'est-il pas raisonnable de penser qu'au vestibule de cette église souterraine était un jet d'eau, ou une fontaine ou un puits, puisque l'un ou l'autre était indispensable : le résultat de la recherche du trésor ne laisse pas présumer qu'il y ait eu impossibilité d'obtenir l'un de ces trois objets.

Si, jusqu'ici, j'ai présenté mon opinion sous un point de vue tel, qu'il ne reste pas de preuves évidentes d'où puisse dériver la conviction contraire ; si j'ai pu mettre hors de doute que ce Monument est une église qui a servi aux chrétiens, ce qui va suivre tendra à fixer l'époque de son édification. Je ne me dissimule pas combien il est facile de s'égarer sur un point où on n'a pour appui que des conjectures, tirées à la vérité de l'état actuel des choses ; aussi crois-je inutile de dire que je ne prétends pas plus, dans cette seconde partie que dans celle qui la précède, décider la question sans appel : je me ferai toujours un devoir de revenir de mes erreurs.

Les persécutions qui, à différentes époques, firent tant de martyrs parmi les chrétiens ; l'alternative de biens et de maux qui fut leur partage pendant un si long espace de tems, ne leur permirent guère de bâtir publiquement des temples dans les premiers siècles de l'église, et avant le tems de Charlemagne ; du moins est-ce de l'époque du règne de ce grand prince, que le goût commença à présider à leur construction. Aussi les célèbres églises de Strasbourg, de Bergame dédiée à la Vierge, de Saint-Marc à Venise, celles de Cologne, Florence, Ulm, etc., sont-elles postérieures à ce prince, sans en être bien éloignées. Celle de Grenoble appartient à un tems plus rapproché de lui, antérieur seulement de quelques années : on peut en fixer la fondation au commencement du 8.ᵉ siècle. Outre les preuves générales résultantes de la situation du Dauphiné à cette époque, on en trouve d'autres particulières qui ne sont pas moins concluantes : « La France, dit Chorier, était alors » paisible sous le gouvernement de Charles Martel ; » l'église y était florissante, et la foi n'avait point d'opi- » nion contraire à combattre ». L'heureux état de la province de Dauphiné, la paix de ses peuples et la gloire de son église continuèrent, selon lui, jusqu'à l'irruption des Maures en cette province. On peut donc présumer que la fondation de cette église eut lieu dans ce moment de prospérité pour la foi chrétienne. Alors *Saint Éolde* occupait l'archevêché de Vienne. Ce prélat, dont la haute naissance tirait un nouvel éclat de son rare mérite, donna un soin particulier à l'amélioration du sort des églises, et il ne négligea rien pour la propagation de la foi : entr'autres actes, il dédia à Saint Maurice l'église de Vienne jusque-là consacrée aux Machabées ; il répandit ses bienfaits sur la ville de Vienne ; aurait-il pu les borner là, et ne pas les étendre sur celle de Grenoble, dont l'évêque ne dut pas être moins empressé de seconder les intentions de son supérieur ? *Éolde* montra une prédilection spéciale pour les martyrs : l'église de Grenoble fut aussi dédiée à un des plus célèbres ; ce fut à *Saint Oyend*, *Augentius*, abbé de Condat dans le Mont-Jou. Quoique ce saint ait souffert le martyre, âgé de 60 ans, à la fin du règne de Clovis, vers l'an 510, ce ne fut cependant que dès le 8.ᵉ siècle que son culte fut reçu publiquement dans l'église de France. Le martyrologe de Wandalbert marque sa fête au 4 janvier ; Adon, qui composa le sien peu de tems après, l'a mise au premier, et il a été suivi par Usuard et par le martyrologe romain moderne. A ces preuves, qui peuvent accréditer l'opinion émise sur l'époque de la fondation de cette église souterraine, on peut ajouter que dès le tems de Justinien, c'est-à-dire vers le milieu du 6.ᵉ siècle, les églises furent dédiées aux saints, ce qui contribua beaucoup à les multiplier. On doit observer encore que l'église de Saint-Oyend n'a ni images ni peintures ; nulle apparence même qu'il y en ait jamais eu. Cette observation est d'autant plus précieuse dans cette circonstance, que les premières images ayant été des peintures sur les murs, ce fut au 9.e siècle que leur usage devint commun en France et en Allemagne.

Jusqu'à présent, l'église souterraine a été le sujet de cette dissertation ; cependant l'extérieur ne mérite pas moins d'être décrit. Au-dessus du *Presbyterium* ou chapelle principale (D) , s'élève au-dehors, d'environ 30 pieds, une rotonde où on a pratiqué trois fenêtres cintrées. Cette rotonde forme le chœur de l'église de *Saint-Laurent*, bâtie au-dessus de celle de *Saint-Oyend*. Elle est construite en petites pierres taillées, et terminée par un entablement en briques. C'est cette rotonde qui faisait croire que l'église de Saint-Laurent (Suprà pag. 1) avait été un temple païen : cette tradition est généralement accréditée. Mais en admettant que la partie souterraine est une église, cette tradition tombe d'elle-même ; et aux preuves déjà alléguées pour faire regarder cette partie souterraine comme telle, on peut ajouter celles résultantes de quelques ornemens des corniches placées sur les chapiteaux des colonnes : on voit sur plusieurs parties une croix à branches égales, à laquelle deux oiseaux offrent une guirlande de fleurs. Ce qui avait sur-tout contribué à faire supposer l'église de Saint-Laurent un temple des païens, ce sont des sculptures qu'on remarque au-dessous du cordon de l'entablement qui termine la rotonde ; elles consistent en une ligne circulaire de têtes du dessin le plus bizarre, caractère ordinaire de l'art dans les tems où il flottait encore, pour ainsi dire, incertain. Parmi ces têtes, on distingue une main droite, une figure ailée à genoux, une coquille univalve, etc. : mais la plus forte induction que la tradition tirait des ornemens de la rotonde, était fondée sur la figure de deux dragons monstrueux sculptés en relief sur les deux parties latérales, et immédiatement au-dessous des têtes ; d'où l'on croyait que ce temple avait été consacré à Esculape. Ces deux dragons, couverts d'écailles très-prononcées, ont des ailes et des pattes à griffes ; leur tête est une tête humaine défigurée, ayant des oreilles pointues, ou des espèces de cornes. Ils sont en regard et ils envisagent l'orient. Sur la distance qui les sépare, sont deux griffons en relief écaillés, ailés et tournant également leur tête à l'orient. Ces ornemens peuvent d'autant moins servir à reconnaître un temple des païens, que la ligne de têtes, qui n'a aucun caractère du style antique, semble assez être d'un tems très-moderne par rapport à eux, et que des raisons purement locales et particulières à la ville de Grenoble, peuvent avoir déterminé la représentation des deux serpens ou dragons. Cet hiéroglyphe, si l'on peut se servir de cette expression, peut trouver son explication dans ce proverbe si connu sur la ville de Grenoble : *Serpens et Draco devorabunt urbem*, transporté dans la langue vulgaire par ces deux vers :

> *Lo serpein et lo dragon*
> *Mettron Grenoblo en savon ;*

faisant ainsi allusion à la position de la ville à l'embouchure du Drac (*Draco*, le dragon) dans l'*Isère* représentée par le serpent, dont elle imite assez par son cours les replis tortueux ; ce qui a fait dire à Denis Salvaing-de-Boissieu :

> *Quà Dracus effræno per inania jugera cursu*
> *Exultat segetum spoliis, Isarœque frementes*
> *In latus urget aquas, ibi, etc.*

S'il en est ainsi, cette rotonde n'a pas appartenu à un temple païen, et tout doute sur cette question paraît être levé par deux figures en relief, qui se voient du côté du nord et sur la même ligne que les dragons. L'une est à demi-mutilée ; la seconde, qui est intacte, représente un évêque en costume, ayant sa *crosse* à sa droite (1) ; sa tête est sans aucune espèce d'ornement, et offre le genre de tonsure usité dans ces tems , c'est-à-dire la tête entiérement chauve , sauf un tour de cheveux tombant sur le front , en forme de couronne ; son bras droit est élevé comme pour bénir le peuple , et sa main est dans la même position que celle qu'on remarque parmi la ligue circulaire de têtes. Ne peut-on pas voir , dans cette figure , la représentation du fondateur de la rotonde ou de l'église ? Ce qui va suivre pourra confirmer cette conjecture. On ne doit pas cependant y rechercher le mérite de la ressemblance ; car , s'il en était ainsi , on pourrait dire , avec certitude , que le portrait n'est pas flatté.

La destination de cette rotonde est subordonnée à beaucoup de conjectures. Il n'existe pas des rapports assez précis entre son architecture et celle de l'église souterraine , pour la supposer du même tems; on ne remarque, d'ailleurs, aucune espèce de communication entre elles. Il est vrai que dans les églises des premiers siècles, on plaçait , à l'extérieur et au-dessus du *Presbyterium* , une rotonde appelée *Trullus*. On en a la preuve dans l'événement rapporté par Zonaras

---

(1) On a cru généralement que l'usage de la crosse venait du *Lituus* des Augures chez les Romains ; mais il est certain qu'il dérive du *Pedum* , beaucoup plus ancien, signe de la vie pastorale, et ainsi nommé parce qu'il servait aux bergers pour retenir les bestiaux en les accrochant par les jambes. Chez les Chrétiens, les évêques, ainsi que leur nom l'indique (*Suprà* *pag.* 6, *note* 2), étant les surveillans des églises, on les comparait au bon pasteur, qui est l'allégorie du Christ ; les chrétiens composaient leur troupeau : c'est pourquoi sur les monumens qui représentent le bon pasteur, tantôt il porte simplement une baguette, tantôt il tient le *Pedum*, comme l'ont remarqué plusieurs auteurs. (*Note extraite du tom.* 1.er *des* Monumens antiques inédits *que publie le célèbre Millin* , *que je ne puis citer qu'avec la plus vive reconnaissance*).

dans

dans Justinien , que la chûte de cette espèce de
dôme , ayant enfoncé la voûte intermédiaire , le
Ciborium qui était sur la *Sainte Table*, ou le grand-
autel , en fut écrasé. La position de la rotonde de
l'église de St.-Laurent répond exactement à celle d'un
Trullus ; mais, dans ce cas, pourquoi aurait-on pris
des fenêtres pour un lieu qui n'était d'aucun usage ?
Ce dôme se remarque sur beaucoup d'églises édifiées
dans des tems reculés , et ce n'est pas ici seulement
qu'il a donné lieu de les faire regarder comme des
temples païens. Montfaucon , dans son Antiquité ex-
pliquée (supp. , tom. 2), donne pour une chose
très-nouvelle la découverte des temples gaulois ; il
en cite d'abord sept , et s'arrête particulièrement a
celui situé au village de Mont - Morillon en Poitou.
Il y a temple dessus et temple dessous ; celui-ci est
plus étroit à l'intérieur , en raison de l'épaisseur des
murs : le temple supérieur est octogone ; il est éclairé
par huit fenêtres cintrées ; on y voit un entablement
au-dessous duquel est une ligne circulaire de têtes
très-bizarres. On a déjà remarqué les conformités
du temple appelé gaulois , avec l'église de Saint-
Laurent. C'en serait assez , sans doute , d'une autorité aussi respectable que l'est celle de Montfaucon ,
pour détruire ce qu'on tâche de prouver dans ce mémoire ; mais ce savant bénédictin avait travaillé sur
des dessins et sur des notes trop peu précises pour
éviter l'équivoque qu'il a commise , en regardant
comme un temple gaulois ce qui n'était qu'une église
chrétienne appartenante à des siècles reculés. Dom
Martin , dans son ouvrage sur la religion des Gaulois, copia Montfaucon , et s'égara avec lui. Pour
rectifier cette erreur, il a suffi du zèle éclairé de
l'abbé Lebœuf qui, s'étant rendu , en 1752 , au village de Mont - Morillon , examina l'édifice par lui-

même, et ayant reconnu une église haute et une
église basse, conclut, de leur structure, qu'elles
étaient de la fin du 11.ᵉ siècle ou du commencement du 12ᵉ. Sûr de ses observations, il consigna
son opinion dans les mémoires de l'académie des Ins-
criptions, dont il était membre. D'après ce résultat,
il n'est pas plus probable que l'église de Saint-Laurent ait été un temple païen, qu'il ne l'est de celle de
Mont-Morillon. On pourrait encore croire que l'église
de Saint-Oyend et la rotonde, réunies, formaient
une église du même genre et du même tems que celle
de ce village ; mais on a déjà vu qu'il n'y a entr'elles
aucune espèce de communication, et que leur architecture diffère même assez essentiellement. On
peut donc fixer la construction de la rotonde à un
tems postérieur à celui de l'église de Saint-Oyend :
et rien ne peut mieux en préciser l'époque, que la
fondation de l'église de Saint-Laurent, dont elle aurait été partie essentielle ; observant bien cependant
que cette église, telle qu'elle est aujourd'hui, porte
des marques certaines de reconstruction ou de réparations postérieures à la rotonde, réparations qui furent faites sur la première église construite à Saint-
Laurent, et qui l'ont rendue ce qu'elle est de nos jours.
L'église de Saint-Laurent est fort ancienne. Dès l'an
1111, Saint Hugues, évêque de Grenoble, appela des
religieux de l'ordre de Saint-Bernard, pour la desser-
vir, ainsi que celle de Saint-Oyend ; et antérieurement encore, l'an 1034, un nommé Conon et sa femme
Thérèse donnèrent à l'église de Saint-Laurent quelques dîmes qu'ils possédaient. En remontant ainsi, on
peut s'arrêter au milieu du 10.ᵉ siècle, époque où cette
église paraît avoir été fondée. Son prieuré est de l'ordre de Saint-Benoît, dont la règle fut reçue dans
cette province quelques tems après l'assemblée tenue

à Aix-la-Chapelle, par les principaux abbés de France, l'an 817. Cent ans environ après l'admission de cette règle dans les abbayes du Dauphiné, *Isarne* fut évêque de Grenoble : ses premiers soins, après avoir chassé les Maures de son diocèse, furent de le repeupler et de réparer les ravages commis par ces barbares, en y appelant de nouveaux habitans, qu'il favorisa sous tous les rapports. Il fit aussi reconstruire des églises, celles qui existaient auparavant ayant été renversées. Saint Hugues voulut perpétuer le souvenir des bienfaits que l'église devait à ce prélat, par un acte qu'on croit fait vers l'an 1100 : *Notum sit omnibus fidelibus filiis gratianopolitanæ ecclesiæ*, y est-il dit, *quòd, post destructionem paganorum, Isarnusepiscopus ædificavit ecclesiam gratianopolitanam; et ideò, quia paucos invenit habitatores in prædicto episcopatu, collegit nobiles, mediocres et pauperes ex longinquis terris, de quibus hominibus consolata esset gratianopolitana terra.* On peut dès-lors regarder l'évêque *Isarne* comme le fondateur de l'église de Saint-Laurent. Il semble même que la figure d'évêque, qui est en relief sur la rotonde, appuie cette conjecture; et ce serait, dans ce cas, ce même *Isarne* qu'on aurait voulu représenter. La seconde figure, qui est mutilée, serait celle de quelque personne éminente aux bienfaits de laquelle le prélat aurait beaucoup dû dans ces momens de détresse. Ce bas relief est orné d'un cadre que forment des trous assez profonds. On ne remarque pas ces soins sur le premier; et si l'on suppose que, par reconnaissance, *Isarne* fit placer cette figure à la droite de la sienne, ce ne put être que celle de *Saint Thibaut*, archevêque de Vienne, célèbre par sa naissance et par ses richesses, qu'il employa sans réserve à la réparation des églises, et notamment à la reconstruction de celle de Saint-Maurice de Vienne. Au rapport de Chorier (*Ét. pol. tom.* 2), l'évêque *Isarne* reçut, dans les tems de troubles, des secours marquans de *Barnuinus*, archevêque de Vienne. Il apporte en preuve une charte de l'évêque Saint Hugues, conçue en ces termes : *Barnuinus Viennensis archiepiscopus* ISARNO, *gratianopolitano episcopo ecclesiam Sancti - Donati et Salmoiriacensem pagum concesserat, donec gratianopolitanæ ecclesiæ pax à vastatione redderetur.* Ce passage cité par Chorier, à l'article d'*Isarne*, détruirait évidemment, s'il était exact, la conjecture tirée plus haut sur la figure du bas relief mutilé ; mais on ne peut s'empêcher de le contester, lorsqu'on remarque que *Barnuinus*, archevêque de Vienne, mourut le 21 janvier de l'an 891 , et qu'*Isarne* ne fut élu évêque de Grenoble que près de cinquante ans après. Cette erreur de Chorier vient de celle commise sur le nom de l'évêque de Grenoble ; on doit lire *Isaaco* au lieu d'*Isarno* , puisque *Isaac* occupa l'évêché de Grenoble en même tems que *Barnuin* fut archevêque de Vienne , et que l'un et l'autre assistèrent au concile de Valence de l'an 890.

Nous terminerons ici nos observations sur l'église de St.-Laurent. Pour compléter celles sur l'église de St.-Oyend, il reste à donner quelques notes sur sa structure. Le premier coup-d'œil qu'on jette sur le local, fait remarquer une symétrie de disposition soutenue jusque dans les plus petits détails. La forme de croix , qui est celle de cette église , y prête à la vérité ; mais elle est elle - même une preuve de cette régularité ; l'ordre qui a présidé à sa construction est tel , que les deux parties latérales de l'église se correspondent exactement : hauteur des colonnes , ornemens des chapiteaux, sculptures des corniches, par-tout même proportion, même genre, même matière. Les faces de l'est et de l'ouest ont entr'elles les mêmes rapports. Des dix - huit colonnes qui ornent l'intérieur, douze

sont d'albâtre gypseux très-fin, dont le poli laisse peu
à désirer. La matière des six autres, distinguées sur le
plan par des points vides, est cette aglomération connue
sous le nom de poudingue. La difficulté qu'offrait la
coupe d'une telle substance, sur-tout pour transformer
ses blocs en colonnes, a disparu sous la main habile
de l'ouvrier. Les ornemens des chapiteaux sont ou des
fleurs ou des feuilles de la plus agréable disposition,
ou ce qu'on appelle vulgairement et improprement
des arabesques, qui n'ont pas moins de grace (1).
Ils sont répétés sur quelques corniches, où l'on remarque encore d'autres sujets, tels les deux oiseaux
offrant à la croix une guirlande de fleurs; ailleurs,
deux agneaux en regard sous un arbre de forme
pyramidale; et enfin, dans la même position, deux
animaux fantastiques, dont le haut du corps représente

---

(1) Ce genre d'ornement est improprement appelé *Arabesque*,
puisqu'il n'est pas dû aux Arabes. On en a en vain cherché l'ori-
gine dans l'écriture représentative des Egyptiens. Les Grecs
l'ont emprunté des tapisseries Persannes, Médiques ou Babylo-
nienes qui leur ont fourni l'idée du Griffon, du Centaure et d'autres animaux imaginaires. L'usage des arabesques est fort ancien dans la Grèce, puisqu'on l'observe au temple d'Apollon
Didyméen, près de Milet. Il passa des Grecs aux Romains, et
fut probablement introduit d'Alexandrie à Rome sous le règne
d'Auguste; il s'y soutint jusques au tems du bas empire. Les
Arabes imitèrent et propagèrent cet ornement, et lui donnèrent
le degré de perfection qu'il pouvait avoir dans ces tems de bar-
barie. En l'adoptant dans le moyen âge, on lui donna le nom
d'*Arabesque*, parce qu'il avait été ressuscité par les Arabes,
que l'on en croyait être les inventeurs. Raphaël y trouva un nou-
veau genre de décoration. Le goût de l'arabesque dégénéra
après sa mort. Mais depuis la découverte d'Herculanum, l'imi-
tation de l'antique en a ramené l'usage : il fut introduit en
France, sous François I.er, par Primatice, Rozzo et autres Ita-
liens. (*Monum. ant. inédits*, *suprà pag.* 16, *not.* 1.)

un lapin et ses pattes de devant ; le reste se termine en poisson à queue triangulaire. Sur la corniche au-dessus des colonnes qui sont à l'entrée des deux chapelles est et ouest, on a placé deux autres colonnes d'une moindre proportion, sur lesquelles repose l'archivolte de chaque chapelle. Une des deux petites colonnes de gauche de la chapelle *est* a été déplacée de l'un des angles de la face occidentale où elles manquent. Il est facile de s'en convaincre : la colonne qui remplace la petite est d'un diamètre plus grand ; elle est placée sans base ni chapiteau, et a été raccourcie par le bas ; le collier manque presque en entier à sa partie supérieure. Le terrain qui couvre le sol de l'église ne permet pas de parler du pavé. Il ne serait pas étonnant qu'il n'y en eût pas, à moins qu'il ne fût en grandes molasses. Il appartient au zèle des autorités de rendre ce monument à son ancienne splendeur. Peut-être pourra-t-on obtenir par-là de nouveaux éclaircissemens. On n'en tire aucun des historiens de la province dont les ouvrages sont connus. Guy-Allard paraît avoir parlé le premier de l'église souterraine de Grenoble. Dans son Dictionnaire historique du Dauphiné, manuscrit dont on doit désirer la publication que quelques circonstances particulières ont retardée, il dit seulement, « qu'au-dessous de l'église » de Saint-Laurent, on voit une grande chapelle en » forme de grotte, où l'on tient que les premiers » chrétiens se retiraient pendant les persécutions, et » que là on y célébrait la messe ». Cette opinion, quoique n'étant pas précisément celle émise dans ce mémoire, n'en diffère pas assez essentiellement pour mériter une discussion sérieuse. Mais celle que *Nicolas Charbot* a consignée dans son histoire (très-intéressante d'ailleurs) de la ville de Grenoble, manuscrit dont je dois la communication à la complaisance de M.

Martin, qui s'acquerra par sa publication de nouveaux droits à la reconnaissance de son pays ; cette opinion, dis-je, nécessite quelques détails propres à prévenir l'effet de cette autorité sur les conclusions de cette Dissertation. Après avoir dit que la religion des Romains se maintint à *Cularone* jusqu'au tems où le christianisme y fut reçu : « Quoique l'on n'ait rien de
» précis pour en fixer l'époque, continue-t-il, on peut
» néanmoins avancer que ce fut à peu près dans le
» tems que *Saint Laurent* souffrit le martyre. Ce qui
» peut favoriser cette conjecture, c'est que la pre-
» mière église fut consacrée à son honneur. Ce n'était,
» au commencement, qu'une de ces petites chapelles
» souterraines auxquelles on donnait le nom d'Ergas-
» tule, où les chrétiens s'assemblaient furtivement,
» et pour ainsi dire en cachette, pour y chanter
» les louanges de Dieu, célébrer les divins mystè-
» res, ne l'osant pas faire ouvertement, à cause
» des cruelles persécutions qu'on exerçait contr'eux.
» Cet ergastule existe encore. Il a environ — toi-
» ses de longueur, — de largeur, et — de hau-
» teur. La voûte est ronde, supportée par vingt-
» quatre colonnes rondes, toutes d'une piéce, de
» — pouces de diamètre ; elles ont environ — pieds
» de hauteur avec leur base, frise et chapiteau,
» ornés de quelques sculptures anciennes. Elles sont
» rangées deux à deux, douze de chaque côté ; les
» six qui sont à côté de l'autel, sont un peu moins
» hautes. L'église qui sert de paroisse est construite
» dessus. Il y a une porte à la muraille, du côté
» gauche en entrant, par où l'on descend dans une
» voûte obscure que la tradition populaire dit sui-
» vre le long de la rue *Saint-Laurent*, et va finir
» auprès de l'ancien pont, d'où elle passe sous l'Isère,
» pour aller sortir à la place du *Banc-de-Malconseil*.

» Cependant, comme il n'en paraît aucunes marques
» le long de la rue, ni auprès du pont, ni de sa sor-
» tie en cette place, j'ai toujours regardé ce qu'on en
» dit comme une de ces traditions auxquelles le petit
» peuple, porté naturellement à croire les choses
» de léger et sans les examiner, donne du cours.....
» Ce qui me semble de plus probable, c'est qu'il y
» a apparence qu'elle descend jusqu'à la rue, et que
» de là elle passe dessous et va jusqu'à l'Isère qui
» coule tout le long, ayant pu avoir été construite par
» les chrétiens pour leur servir de subterfuge. » Si
Nicolas Charbot, pour fixer l'époque de l'établisse-
ment du christianisme à Grenoble, au tems où Saint
Laurent souffrit le martyre, n'apporte d'autre preuve
que la dédicace à ce saint, de l'église souterraine qui
fait le sujet de cette Dissertation, son opinion ne
paraît pas assise sur des fondemens bien solides. Il
est certain que toujours on a désigné l'église basse
sous le nom de Saint-Oyend, et l'église haute sous
celui de Saint-Laurent. Saint Hugues les distingua
expressément en appelant les Bernardins pour les des-
servir toutes deux. N. Charbot admet que l'église
basse fut fondée long-tems avant l'église haute; et
s'il est constant que la première fut dédiée à Saint
Oyend, son opinion perd toute sa force. Ce qu'il dit
lui-même de ce qu'il appelle *un Ergastule*, ne paraît
pas nuire à l'opinion consignée dans ce mémoire. On
pourrait désirer de lui une dénomination plus propre
à la destination du local, et celle d'Ergastule est loin
d'y répondre, puisqu'on a toujours entendu par ce
nom un lieu destiné, chez les Romains, à châtier les
esclaves. On ne voit dans l'église de Saint-Oyend aucune trace de la porte que Charbot dit conduire à
une voûte obscure qui va sortir à la place du Banc-de-
Malconseil, aujourd'hui place aux Herbes, en passant
sous

sous l'Isère. Cet auteur, en parlant de cette voûte, aurait pu, par le seul examen du local, détruire ce que le peuple conservait de cette tradition mal-fondée; mais il paraît, par les lacunes qui existent dans le passage cité, et par l'inexactitude de la des-cription du lieu, que Nicolas Charbot, en écrivant son histoire, ne s'était encore que promis de visiter l'église de Saint-Oyend.

Je termine en observant à ceux qui pourraient tirer de la situation de cette église, en raison de son an-cienneté, quelques inductions en faveur de la position de l'antique *Cularo* sur la rive droite de l'Isère, que dès le 5.e siècle, les chrétiens eurent coutume de bâtir des églises hors l'enceinte des villes, dans des lieux champêtres ou isolés, d'où est venu ce que nous nommons Oratoires.

LETTRES INDICATIVES
DU PLAN.

A. *Voûte où se trouve l'escalier.*

B. Narthex *où se plaçaient les Pénitens.*

C. *Entrée de l'église.*

D. Presbyterium *où sont les restes du grand-autel.*

E. F. G. Sacellum *ou chapelle.*

H. *Entrée de la sacristie.*

I. *Sacristie, par l'angle S. E., de laquelle on entre actuellement dans le souterrain.*

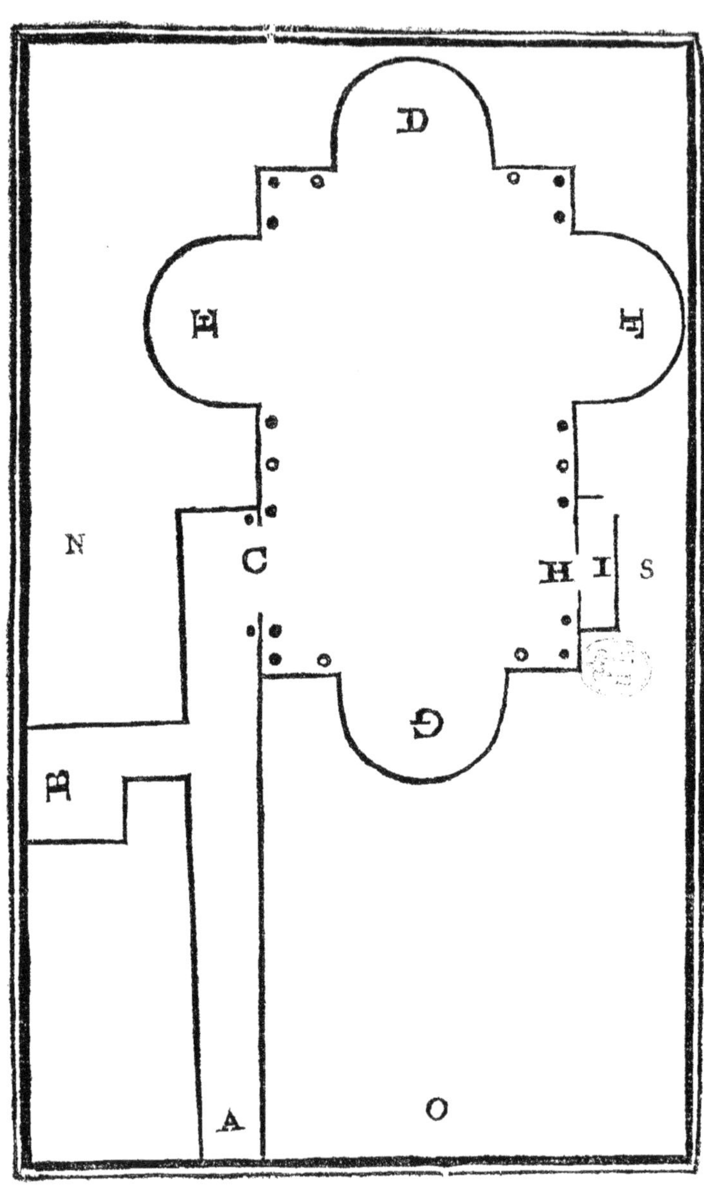

D
E
F
C
N
H
I
S
B
G
A
O